Nostalgic Pen
“पुरानी कलम ”

Nostalgic Pen
“पुरानी कलम”

Neetu S.

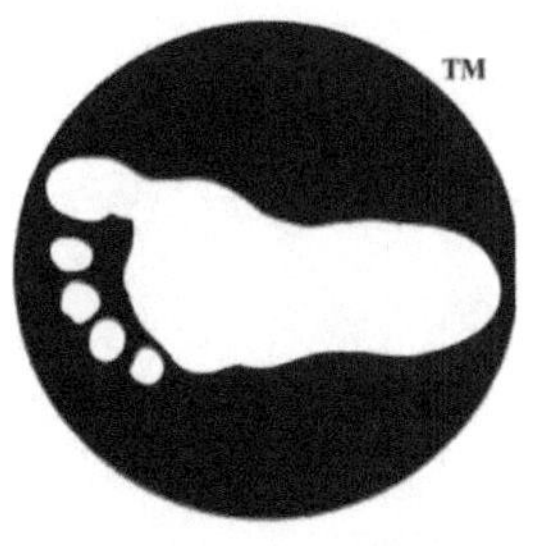

Nostalgic pen, "Purani Kalam"
Author : Neetu S.

First Published by
Bigfoot06 Publications (OPC) Pvt. Ltd.
B-10,12 Shree Shyam Palace,
Sector 4,5 Chowk, Old Railway Road,
Gurugram, Haryana (122001)
Website: www.bigfootpublications.in
Email: info@bigfootpublications.com

First Edition:
November 2022

ISBN Print Book - **978-93-90925-83-4**

Printed in India

शायद मुहब्बत

हालात हैं ये कौनसे, दिल समझ ना पाए,
अगर है ये मोहब्बत, तो हमे ना हो जाएँ।

गुम-गुम से रहे दिन में, खोए-खोए रातों को,
दुनिया-ए-अंजाम निकले फिर, और हम दीवाने कहलाएँ।

बेरुखी होता है लिबाज़ इसका, बेबसी होता है ताज,
सुकून हाथ छोड़ दे फिर, और हम कुछ ना कर पाएँ।

अहमियत ना दें रिश्तों को, फर्ज को भुला दें,
तहजीब छोड़ दें अपनी, और अहसान फरामोश बन जाएँ।

कुछ आबाद हुए हैं, तो हजारों बर्बाद भी,
अपनी तमाम उम्र दाँव पर लगाकर, हम इसे क्यूँ आजमाएँ।

सब हो जाने के बाद, दुआ माँगे, और खैरियत मनाएँ,
बेहतर है पहले ही संभलें, और फिर आगे ख़ुदा बचाए।

SHAYAD MOHABBAT

Haalaat Hain Ye Konse, Dil Samajh Naa Paye,
Agar Hai Ye Mahobbat, To Hume Naa Ho Jaye.

Gum-Gum Se Rahe Din Mein, Khoye-Khoye Raaton Ko,
Duniyaa-e-Anjaam Nikle Fir, Aur Hum Diivaane Kahalaye.

Berukhii Hotaa Hai Libaaz Iskaa, Bebasii Hotaa Hai Taaj,
Sukuun Haath Chhod De Fir, Aur Hum Kuchh Naa Kar Paye.

Ahamiyat Naa De Rishton Ko, Farj Ko Bhulaa De,
Tahajiib Chhod De Apnii, Aur Ahasaan Faraamosh Ban Jaye.

Kuchh Aabaad Hue Hain, To Hajaaron Barbaad Bhii,
Apnii Tamaam Umar Daav Par Lagaakar, Hum Ise Kyuun Aajmaye.

Sab Ho Jaane Ke Baad, Duaa Maange, Aur Khairiyat Manaye,
Behatar Hai Pehle Hii Sambhale, Aur Fir Aage Khudaa Bachaye.

ये लोग

रिश्ते-नाते भी अजीब नज़र आते है,
हर एक बहस में शामिल हो जाते है।
अपने ऊपर एक खरोंच भी बरदाश्त नहीं होती,
दूसरों को जख्म-ए-नासूर दे जाते है।

घर की चौखट में जो राज़ थी बात,
बाहर के लोग आकर हमें बताते है।
नातों की मर्यादा फिर बोलने नहीं देती,
गुनहगार नहीं है वो, ये विश्वास दिलाते है।

बुरे वक्त में साथ ना मांग ले कोई,
पहले अपनी तकलीफ बताते है।
गैरों से मदद लेना ठीक नहीं,
और ये राय भी दे जाते है।

गैर जब काम आ जाएँ,
उन्हें मतलब - परस्त बताते है।
दो- शक्ल होकर, सब कुछ कह जाते है,
यही हैं वो, जो "लोग" कहलाते है।

YE LOG

Rishte-Naate Bhii Ajiib Nazar Aate Hai,
Har Ek Bahas Mein Shaamil Ho Jaate Hai,
Apne Uupar Ek Kharoch Bhii Bardaasht Nahiin Hotii,
Duusaron Ko Jakhm-e-Naasuur De Jaate Hai.

Ghar Kii Chaukhaṭ Mein Jo Raaz Thii Baat,
Baahar Ke Log Aakar Humein Bataate Hai,
Naaton Kii Maryaadaa Fir Bolne Nahiin Detii,
Gunahagaar Nahiin Hai Wo, Ye Wishvaas Dilaate Hai.

Bure Wakt Mein Saath Naa Maang Le Koii,
Pahle Apanii Takliif Bataate Hai,
Gairon Se Madad Lenaa Ṭhiik Nahiin,
Aur Ye Raay Bhii De Jaate Hai.

Gair Jab Kaam Aa Jaye,
Unhe Matlab - Parast Bataate Hai,
Do- Shakl Hokar, Sab Kuchh Keh Jaate Hai,
Yahii Hain Wo, Jo "Log" Kahalaate Hai.

गुज़रा वक़्त

सिलवटें पड़ी दास्तान, आँखो में आई है,
पुरानी तस्वीरों और खतों ने लुभाया है।
इस बेखुदी को उतरने में वक्त लगेगा,
गुजरे जमाने से अभी उठ कर आया है।

जवानी जाती रही कागजों की,
रंग भी उतर आया है।
कलम की लिखावट बिखरी हुई है,
उस वक्त को गुजरे भी तो वक्त हो आया है।

गम की धूप है, तो खुशियों की छाँव भी,
मिलने - बिछड़ने के साथ, अपना-पराया है।
जिन्दगी का थोड़ा-बहुत हिस्सा,
इन चीजों में समाया है।

उस जिन्दगी के उन लम्हों को,
खुश रहने का जरिया बनाया है।
गुजर के उन गलियों से फिर,
आज इसका दिल भर आया है।

आज, तन्हा रहने दो इसे,
इसके दिल पर उनका साया है।
खो कर इन चीजों में, इसने,
आज अपने आप को पाया है।

गुजरे जमाने का एक-एक लम्हा,
अपने चेहरे पर लिख लाया है।
पर उनका पढ़ना मुहाल है,
जिनकी राह में यह मंजर नहीं आया है।

GUZRA WAQT

Silwaṭe Padii Daastaan, Aankho Mein Aayi Hai,
Puraanii Tasviiron Aur Khaton Ne Lubhaayaa Hai.
Is Bekhudii Ko Utarane Mein Waqt Lagegaa,
Gujre Jamaane Se Abhii Uṭh Kar Aayaa Hai.

Jawaanii Jaatii Rahii Kaagazon Kii,
Rang Bhii Utar Aayaa Hai.
Kalam Kii Likhaavaṭ Bikhrii Huyi Hai,
Us Waqt Ko Gujre Bhii To Waqt Ho Aayaa Hai.

Gam Kii Dhuup Hai, To Khushiyon Kii Chhaav Bhii,
Milne - Bichhadne Ke Saath, Apnaa-Paraya Hai.
Jindagii Kaa Thodaa-Bahut Hissaa,
In Chiizon Mein Samaayaa Hai.

Us Jindagii Ke Un Lamho Ko,
Khush Rahne Kaa Jariyaa Banaayaa Hai.
Gujar Ke Un Galiyon Se Fir,
Aaj Isakaa Dil Bhar Aayaa Hai.

Aaj, Tanhaa Rahne Do Ise,
Iske Dil Par Unkaa Saayaa Hai.
Kho Kar In Chiizon Mein, Isne,
Aaj Apne Aap Ko Paayaa Hai.

Gujre Jamaane Kaa Ek-Ek Lamhaa,
Apne Chehre Par Likh Laayaa Hai.
Par Unkaa Padhnaa Muhaal Hai,
Jinkii Raah Mein Yeh Manzar Nahii Aayaa Hai.

मौसम

जुदा से लगते है दुनिया से,
फिजा भी खुशनुमा है,
मौसम चला आया है,
रंगो कि सुर्खियाँ लेकर।

चाहते रहेंगे, कहेंगे नहीं,
आँखो में इजहार है इस अहसास का,
इश्क के बीच दीवार खड़ी है,
दुनिया कि तमाम मजबूरियाँ लेकर।

महसूस करेंगे तेरे हर अहसास को,
कभी रूठने -मनाने का मौसम भी आएगा,
बदगुमाँ होकर भी वो जरूर आएँगे,
कुछ दूरीयाँ, कुछ नजदीकियाँ लेकर।

जानकर कभी जो दिल तड़पाया,
या किया जुदा होने का तसव्वुर ,
तो, रो लेंगे उदास होकर,
तनहाईयों में सिसकियाँ लेकर।

ना वो जिन्दगी होगी,
ना वो होगी मौत,
ऐसा भी एक जमाना आएगा,
चेहरे पर झुर्रियाँ लेकर।

जुबान पर होगा तेरा नाम,
जब मौत लेगी आगोश में,
चले जाएँगे तुझे याद करके,
दिल में तेरी परछाईयाँ लेकर।

MAUSAM

Judaa Se Lagte Hai Duniyaa Se,
Fizaa Bhii Khushnumaa Hai,
Mausam Chalaa Aayaa Hai,
Rango Ki Surkhiyaan Lekar.

Chaahte Rahenge, Kahenge Nahii,
Aankho Mein Izhaar Hai Is Ehsaas Kaa,
Ishq Ke Biich Diivaar Khadii Hai,
Duniyaa Ki Tamaam Majbuuriyaa Lekar.

Mehsuus Karenge Tere Har Ehsaas Ko,
Kabhii Ruuṭhane -Manaane Kaa Mausam Bhii Aayega,
Badgumaan Hokar Bhii Wo Jaruur Aayenge,
Kuchh Duuriiyaan, Kuchh Nazdiikiyaa Lekar.

Jaankar Kabhii Jo Dil Tadpaayaa,
Yaa Kiyaa Judaa Hone Kaa Tasavvur ,
To, Ro Lenge Udaas Hokar,
Tanhaaiiyon Mein Siskiyaan Lekar..

Naa Wo Zindagii Hogii,
Naa Wo Hogii Maut,
Aisaa Bhii Ek Jamaanaa Aayega,
Chehre Par Jhurriyaan Lekar.

Zubaan Par Hogaa Teraa Naam,
Jab Maut Legii Aagosh Mein,
Chale Jaayenge Tujhe Yaad Karke,
Dil Mein Terii Parchhaaiiyaan Lekar.

अश्क़

आँखो में अश्क़ रहते है, हजारों गम भी सहते है,
दोनों साथ निकलते है मगर, दोनो तनहा ही बहते हैं।

तनहाई अश्कों की नहीं होती,
अश्कों में तनहाई होती है,
जानते हैं ये कि जिन्दगी इनकी,
दर्द की परछाई होती है।

आँखो से गालों तक का सफ़र,
कोई अश्क जब तय करता है,
दिल से निकली हर आह को,
अपने सीने में भरता है।

कुछ हिस्सा दर्द का लेकर,
'हर - एक अश्क निकलता है,
दायरा फिर दर्द का,जमा हुआ,
धीरे-धीरे पिघलता है।

किसी दर्द को कम कर देना,
अश्को के हाथ में नहीं होता,
बहुत कोशिश करते है फिर भी,
क्या कसूर इनका, जो कम नहीं होता।

इन्सान से ज्यादा काबिल हैं अश्क,
जो दर्द को कम करते हैं,
अहसान नहीं जताते फिर भी,
कि खुदको खत्म करते हैं।

ASHQ

Aankho Mein Ashq Rahte Hai, Hazaaron Gam Bhii Sahte Hai.
Dono Saath Nikalte Hai Magar, Dono Tanhaa Hii Bahte Hain.

Tanhaaii Ashkon Kii Nahiin Hotii,
Ashkon Mein Tanhaaii Hotii Hai,
Jaante Hai Ye Ki Zindagii Inkii,
Dard Kii Parchhaaii Hotii Hai.

Aankho Se Gaalon Tak Kaa Safar,
Koii Ashk Jab Tay Kartaa Hai,
Dil Se Niklii Har Aah Ko,
Apne Siine Mein Bhartaa Hai.

Kuchh Hissaa Dard Kaa Lekar,
Har - Ek Ashq Nikaltaa Hai,
Daayraa Fir Dard Kaa, Jamaa Huaa,
Dhiire-Dhiire Pighaltaa Hai.

Kisii Dard Ko Kam Kar Denaa,
Ashko Ke Haath Mein Nahii Hotaa,
Bahut Koshish Karte Hai Fir Bhii,
Kyaa Kasuur Inkaa, Jo Kam Nahiin Hotaa.

Insaan Se Jyaadaa Kaabil Hain Ashq,
Jo Dard Ko Kam Karte Hain,
Ahsaan Nahiin Jataate Fir Bhii,
Ki Khudko Khatm Karte Hain.

महबूबा

तो क्या, अगर वो चुप रहती है, बहुत है कि सामने है,
उसकी ये मौजूदगी भी, दिल को करार देती है।

जाने क्या ढूंढती है, उसकी गुमसुम नज़र मुझमें,
कुछ देर देखती है, और मुस्कुरा 'देती है।

जब सवाल किया जाता है, तो जवाब नहीं मिलता,
कुछ परेशान सी होकर , बात बना देती है।

हर बार अपनाते है, अलग तरीके इजहार के,
थोड़ा सा हँसके - शर्माके, पलके झुका देती है।

उसके कत्ल-ए-अंदाज से, अब तक है वो बेखबर,
यही अदा हमेशा उसकी, दिल को लुभा देती है।

चुप से रहते है कभी, अपने ही गम में खोकर,
खुदका बनाकर मजाक, मुझको हँसा देती है।

खुलकर बात नहीं करती पर, कुछ ऐसा करती है,
बेइंतहा मुहब्बत है मुझसे, महसूस करा देती है।

MEHBOOBA

To Kyaa, Agar Wo Chup Rahtii Hai, Bahut Hai Ki Saamne Hai,
Uskii Ye Maujuudgii Bhii, Dil Ko Karaar Detii Hai.

Jaane Kyaa Ḍhunḍhtii Hai, Uskii Gumsum Nazar Mujhmein,
Kuchh Der Dekhtii Hai, Aur Muskuraa 'Detii Hai.

Jab Sawaal Kiyaa Jaataa Hai, To Jawaab Nahii Miltaa,
Kuchh Pareshaan Sii Hokar , Baat Banaa Detii Hai.

Har Baar Apnaate Hai, Alag Tariike Izhaar Ke,
Thodaa Saa Hanske - Sharmaake, Palke Jhukaa Detii Hai.

Uske Katl-e-Andaaz Se, Ab Tak Hai Wo Bekhabar,
Yahii Adaa Humeshaa Uskii, Dil Ko Lubhaa Letii Hai.

Chup Se Rahte Hai Kabhii, Apne Hii Gam Mein Khokar,
Khudkaa Banaakar Majaak, Mujhko Hansaa Detii Hai.

Khulkar Baat Nahiin Kartii Par, Kuch Aisaa Kahtii Hai,
Be-Intahaa Mahobbat Hai Mujhse, Mehsuus Karaa Detii Hai.

आवाज

वो जो आ रही है, वो आवाज क्या है
जब सब बयान हो गया, तो राज क्या है,
लब तो हिले नहीं, कुछ कहने को अभी,
अन्दाज़ जो है कहने का, वो अन्दाज क्या है। ,

जिन्दगी जुड़ी होती है, एक नाजुक से दिल से,
ये दिल आता है जिसपर, आता बड़ी मुश्किल से,
कुछ है जो बज रहा है, धड़कन के सिवा दिल में,
धड़कन नहीं है दिल की , तो ये साज़ क्या है।

देख ना ले लेना कभी, यूँही इम्तिहान मेरा,
जिन्दगी ही नहीं है, प्यार का इनाम मेरा,
ये दिवानगी आज की नहीं, सदियों की है,
दे सकते थे जान तब भी, तो आज क्या हैं।

लोगों को चाहिए बातें, बनाने के लिए,
कोई नहीं आएगा इनमें, तुम्हें मनाने के लिए,
अब आज हम जब, आए हैं तो फिर,
दुनिया का ये डर कैसा, ये लिहाज क्या है।

AAWAZ

Wo Jo Aa Rahii Hai,Wo Aawaz Kyaa Hai
Jab Sab Bayaan Ho Gayaa, To Raaz Kyaa Hai,
Lub To Hile Nahii, Kuchh Kahne Ko Abhii,
Andaaz Jo Hai Kahne Kaa, Wo Andaaz Kyaa Hai. ,

Zindagii Judii Hotii Hai, Ek Naazuk Se Dil Se,
Ye Dil Aataa Hai Jispar, Aataa Badii Mushkil Se,
Kuchh Hai Jo Baj Rahaa Hai, Dhadkan Ke Sivaa Dil Mein,
Dhadkan Nahii Hai Dil Kii , To Ye Saaz Kyaa Hai.

Dekh Naa Le Lenaa Kabhii, Yuunhii Imtihaan Meraa,
Zindagii Hii Nahiin Hai, Pyaar Kaa Inaam Meraa,
Ye Diwaangii Aaj Kii Nahiin, Sadiyon Kii Hai,
De Sakte The Jaan Tab Bhii, To Aaj Kyaa Hai.

Logo Ko Chaahiye Baatein, Banaane Ke Liye,
Koii Nahii Aayegaa Inme, Tumhein Manaane Ke Liye,
Ab Aaj Hum Jab, Aaye Hain To Fir,
Duniyaa Kaa Ye Ḍarr Kaisaa, Ye Lihaaz Kyaa Hai.

शक्ल-ए-दिल

तमाम लोग जा चुके है, हमें भी जाना है,
दिल से लड़-झगड़ के, सब कुछ भुलाना है।

काम तो बहुत है, सर पर,
करने के लिए अभी,
दिल में जो लिखी है दास्तान,
उसे भी तो मिटाना है।

गवाह है जो फूल मिलने-बिछड़ने का,
वो गिन चुका है दिल के टुकड़े,
बता देगा सबको मौजूदा हालात,
अभी जाकर उसे भी तो समझाना है।

मुस्कुरा रहा है और आँखो में पानी है,
ये चेहरा सब कुछ बोल देगा,
दुनिया को दिखाने के लिए,
झूठा चेहरा भी तो बनाना है।

पहले वाला वो प्यारा सा दिल,
हर अहसास से जो था बेखबर,
रात-और-दिन, कहीं से ढूंढके उसे,
गुजरे जमाने से ले आना है।

कोई मुकाम अब जो आएगा,
लेकर खुशियों का पैगाम,
तो बस आँख चुरा कर,
उस राह को ही छोड़ जाना है।

SHAKL-E-DIL

Tamaam Log Jaa Chuke Hai, Humein Bhii Jaanaa Hai,
Dil Se Lad-Jhagad Ke, Sab Kuchh Bhulaanaa Hai.

Kaam To Bahut Hai, Sar Par,
Karne Ke Liye Abhii,
Dil Mein Jo Likhii Hai Daastaan,
Usey Bhii To Miṭaanaa Hai.

Gavaah Hai Jo Phool Milne-Bichhadne Kaa,
Wo Gin Chukaa Hai Dil Ke Ṭukde,
Btaa Degaa Sabko Maujuudaa Haalaat,
Abhii Jaakar Usey Bhii To Samjhaanaa Hai.

Muskuraa Rahaa Hai Aur Aankho Mein Paanii Hai,
Ye Chehraa Sab Kuchh Bol Degaa,
Duniyaa Ko Dikhaane Ke Liye,
Jhooṭhaa Chehraa Bhii To Banaanaa Hai.

Pahle Waalaa Wo Pyaaraa Saa Dil,
Har Ahsaas Se Jo Thaa Bekhabar,
Raat-Aur-Din, Kahiin Se Ḍhuunḍhke Usey,
Guzre Zamaane Se Le Aanaa Hai.

Koii Mukaam Ab Jo Aayegaa,
Lekar Khushiyon Kaa Paigaam,
To Bas Aankh Churaa Kar,
Us Raah Ko Hii Chhod Jaanaa Hai.

महरूम

सबको नहीं मिलती ऐसी जिन्दगी,
कुछ मौत पर भी सबर कर लेते हैं।
उनके साथ नहीं चलता कोई,
आँसुओ को हमसफर कर लेते है।

वो जिनको नहीं मिलता मुकम्मल ठिकाना कहीं,
दिन काटते हैं यहाँ, रात उधर कर लेते है।

ना हम पूछ सकते हैं, ना हमें पूछता है कोई,
सामने रखते हैं आईना, उसकी कदर कर लेते है।

मुहब्बत से महरूम दीवाने, यूँ किया करते है,
जो है ही नहीं, उसके इन्तजार में, जिन्दगी बसर कर लेते हैं।

सुबह को इन्तज़ार शाम का, शाम तकती रात को,
रात काटते हैं आँखो में, और फिर सहर कर लेते है।

खुदा ने बक्शी हैं, जो सांसे इन्सान को,
उन्हीं को कोसते हैं, उन्हीं को नज़र कर लेते है।

MEHROOM

Sabko Nahiin Miltii Aisii Zindagii,
Kuchh Maut Par Bhii Sabar Kar Lete Hain,
Unke Saath Nahiin Chaltaa Koii,
Aansuo Ko Humsafar Kar Lete Hai.

Wo Jinko Nahiin Milataa Muqammal Ṭhikaanaa Kahiin,
Din Kaaṭate Hain Yahaan, Raat Udhar Kar Lete Hai.

Naa Hum Puuchh Sakte Hain, Naa Humein Puuchhtaa Hai Koii,
Saamne Rakhte Hain Aaiinaa, Uskii Kadar Kar Lete Hai.

Mahobbat Se Mehroom Diiwaane, Yuu Kiyaa Karte Hai,
Jo Hai Hii Nahiin, Uske Intezaar Mein, Zindagii Basar Kar Lete Hain.

Subah Ko Intezaar Shaam Kaa, Shaam Taktii Raat Ko,
Raat Kaaṭate Hain Aankho Mein, Aur Fir Sahar Kar Lete Hai.

Khudaa Ne Bakshii Hai, Jo Saanse Insaan Ko,
Unhii Ko Koste Hain, Unhii Ko Nazar Kar Lete Hai.

ये अहसास

तमाम अलफाजो से चढ़के है, ये अहसास,
प्यार नहीं, प्यार से बढ़के है, ये अहसास,
किसी पर दिल-ओ-जान लुटाने का है, ये अहसास,
किसी पर मर-मिट जाने का है, ये अहसास।

ये अहसास जो हम महसूस कर रहे है,
इसके तमाम रंग अपनी जिन्दगी में भर रहे है,
राज-ए-दिल ना खोल दे, ये अहसास,
कहीं आँखो से ना बोल दे, ये अहसास।

हममें कुछ फर्क सा आया है, इन दिनो में,
ज्यादा मुद्दत नहीं, यही कुछ महीनों में,
हमारा हाल-ए-दिल जानता है, ये अहसास,
हाँ, उसे पहचानता है, ये अहसास।

एक कांधे पे, सर रख कर रोया करेंगे,
उन बातों में, गम में, खुशी में खोया करेंगे,
मुद्दतो के इंतजार का जवाब है, ये अहसास,
बस यही मेरे पास है, मेरा ख्वाब है, ये अहसास।

इस अहसास को लेकर दुनिया से टकराते है,
जाने क्या बात है जिसको लेकर घबराते है,
शायद रूसवाईयों का डर है, ये अहसास,
या फिर मुश्किलों का सफर है, ये अहसास।

ना जाने कब पूरा होगा, ये अहसास..
तब तक यूँ ही अधूरा होगा, ये अहसास..

YE EHSAAS

Tamaam Alfaazo Se Chadhke Hai, Ye Ehsaas,
Pyaar Nahii, Pyaar Se Badhke Hai, Ye Ehsaas,
Kisii Par Dil-o-Jaan Luṭaane Kaa Hai, Ye Ehsaas,
Kisii Par Mar-Miṭ Jaane Kaa Hai, Ye Ehsaas

Ye Ehsaas Jo Hum Mahsuus Kar Rahe Hai,
Iske Tamaam Rang Apnii Zindagii Mein Bhar Rahe Hai,
Raaz-e-Dil Naa Khol De, Ye Ehsaas,
Kahii Aankho Se Naa Bol De, Ye Ehsaas

Hum Mein Kuchh Fark Saa Aayaa Hai, In Dino Mein,
Jyaadaa Muddat Nahiin, Yahii Kuchh Mahiino Mein,
Humaaraa Haal-e-Dil Jaantaa Hai, Ye Ehsaas,
Haa, Usey Pehchantaa Hai, Ye Ehsaas.

Ek Kaandhe Pe, Sar Rakh Kar Royaa Karege,
Un Baaton Mein, Gam Mein, Khushii Mein Khoyaa Karege,
Muddato Ke Intazaar Kaa Jawaab Hai, Ye Ehsaas,
Bas Yahii Mere Paas Hai, Meraa Khwaab Hai, Ye Ehsaas

Is Ehsaas Ko Lekar Duniyaa Se Ṭakraate Hai,
Jaane Kyaa Baat Hai Jisko Lekar Ghabraate Hai,
Shaayad Ruuswaaiiyon Kaa Ḍar Hai, Ye Ehsaas,
Yaa Fir Mushkilo Kaa Safar Hai, Ye Ehsaas.

Naa Jaane Kab Pura Hogaa, Ye Ehsaas..
Tab Tak Yuun Hii Adhuuraa Hogaa, Ye Ehsaas..

रुखसत

शायद कुछ कहा उसने, जाने क्या कहा,
एक नज़र देखा मुझे और चला गया।

अन्जाम-ए-मुहब्बत था, उसकी आखरी नज़र में,
रहेगा उसे इन्तजार मेरा, ये बता गया।

जुदा तो हुए हैं, हम पहले भी मगर,
आज जितना फासला, ना महसूस किया गया।

सूना सा माहौल था, उसके आने से पहले,
जाते-जाते वैसा ही समा, फिर बना गया।

ख्वाहिशे ले गया मेरी, साँसे भी ले गया,
मेरे होने न होने की, हस्ती मिटा गया।

RUKHSAT

Shaayad Kuchh Kaha Usne, Jaane Kyaa Kahaa,
Ek Nazar Dekhaa Mujhe Aur Chlaa Gayaa.

Anjaam-e-Mahobbat Thaa, Uskii Aakhrii Nazar Mein,
Rahegaa Use Intazaar Meraa, Ye Bata Gayaa.

Judaa To Hue Hain, Hum Pehle Bhii Magar,
Aaj Jitnaa Faaslaa, Naa Mahsuus Kiyaa Gayaa.

Suunaa Saa Mahol Thaa, Uske Aane Se Pehle,
Jaate-Jaate Waisaa Hii Samaa, Fir Bana Gayaa.

Khwaahishe Le Gayaa Merii, Saanse Bhii Le Gayaa,
Mere Hone Na Hone Kii, Hastii Miṭaa Gayaa.

आँखों के राज़

होते हैं आँखो में, कई राज,
देखे हैं कुछ, उनमें से आज।

किसी में आज की खामोशी है,
किसी में कल की आवाज़,
सबका है अलग किस्सा,
सबका है अलग अन्दाज़।

कुछ आँखे हँसकर रुलाती है,
कुछ रोते हुए हँस जाती है,
कुछ जिन्दगी से है परेशान,
कुछ खुदसे है नाराज।

कुछ ने पहने हैं,
बेबसी के पोशाख ,
और कुछ के सिर पर,
है बर्बादी का ताज।

बंद हो चुकी है कई,
कुछ पैदा हुई है आज,
कुछ मरना चाहती है,
पर जीने से नहीं आती बाज।

AANKHO KE RAAZ

Hote Hain Aankho Mein, Kaii Raaz,
Dekhe Hain Kuchh, Unme Se Aaj

Kisii Mein Aaj Kii Khaamoshii Hai,
Kisii Mein Kal Kii Aawaaz,
Sabkaa Hai Alag Kissaa,
Sabkaa Hai Alag Andaaz.

Kuchh Aankhe Haskar Rulaatii Hai,
Kuchh Rote Hue Has Jaatii Hai,
Kuchh Zindagii Se Hai Pareshaan,
Kuchh Khudse Hai Naaraaz.

Kuchh Ne Pehne Hain,
Bebasii Ke Poshaakh ,
Aur Kuchh Ke Sir Par,
Hai Barbaadii Kaa Taaz.

Band Ho Chukii Hai Kaii,
Kuchh Paidaa Huii Hai Aaj,
Kuchh Marnaa Chaahatii Hai,
Par Jiine Se Nahiin Aatii Baaz.

कश्मकश

बात नहीं है कुछ भी अगर, तो ये एहसान होने दे,
थोड़ी जगह दे अपने दिल में, मुझे बदनाम होने दे।

दिल में मेरे एक घर बना है,
सपनों से भी सुन्दर बना है,
तू बन जा चाँद इसका,
मुझे आसमान होने दे।

दुनिया कहती है कहने दे,
ये अश्क रोक, ना बहनें दे,
इजहार तो कर प्यार का,
कश्मकश आसान होने दे।

इजहार एक बार हो जाएगा,
तो जीना आसान हो जाएगा,
दिल को सुकून मिलने दे,
जहन में आराम , होने दे।

यूँ हाथ ना छोड़ सपनों का,
ना अपना रहूँ, ना अपनों का,
ना मेरे ही प्यार को मेरी,
मौत का सामान होने दे।

KASHMAKASH

Baat Nahiin Hai Kuchh Bhii Agar, To Ye Ehsaan Hone De,
Thodii Jagah De Apne Dil Mein, Mujhe Badnaam Hone De.

Dil Mein Mere Ek Ghar Banaa Hai,
Sapno Se Bhii Sundar Bana Hai,
Tuu Ban Jaa Chaand Iskaa,
Mujhe Aasmaan Hone De.

Duniyaa Kahtii Hai Kehne De,
Ye Ashq Rok, Naa Behne De,
Ijahaar To Kar Pyaar Kaa,
Kashmkash Aasaan Hone De.

Izhaar Ek Baar Ho Jayegaa,
To Jiinaa Aasaan Ho Jayegaa,
Dil Ko Sukuun Milne De,
Jahan Mein Aaraam Hone De.

Yuu Haath Naa Chhod Sapno Kaa,
Naa Apnaa Rahuun, Naa Apno Kaa,
Naa Mere Hii Pyaar Ko Merii,
Maut Kaa Saamaan Hone De.

वजूद

सुबह, घटा, शर्म, अदा,
सभी को तेरे नाम से जानते हैं लोग
गम से होती है मेरी पहचान,
खुशी को तेरे नाम से जानते हैं लोग।

दहलीज पर तेरी आने वाला,
ताहरुफ क्या कहके करवाये,
जो चला आए तेरी महफिल में,
उसी को तेरे नाम से जानते हैं लोग।

मेरा वजूद भूल चुके हैं सभी,
मेरा नाम, मेरी शक्ल कुछ भी नहीं,
मैं क्या दूँगा कोई पहचान तुझे,
मुझ ही को तेरे नाम से जानते हैं लोग।

जमाने को हो, के ना हो,
गर किसीको जरूरत है तेरी,
जरा इस बात का रखना ख्याल,
किसीको तेरे नाम से जानते हैं लोग।

WAJUD

Subah, Ghaṭaa, Sharm, Adaa,
Sabhii Ko Tere Naam Se Jaante Hain Log
Gam Se Hotii Hai Merii Pahchaan,
Khushii Ko Tere Naam Se Jaante Hain Log.

Dahliij Par Terii Aane Waalaa,
Taharuf Kyaa Kehke Karwaaye,
Jo Chalaa Aaye Terii Mehfil Mein,
Usii Ko Tere Naam Se Jaante Hain Log.

Meraa Wajuud Bhuul Chuke Hain Sabhii,
Meraa Naam, Merii Shakl Kuchh Bhii Nahiin,
Main Kyaa Duungaa Koii Pehchaan Tujhe,
Mujh Hii Ko Tere Naam Se Jaante Hain Log.

Jamaane Ko Ho, Ke Naa Ho,
Par Kisii Ko Jaruurat Hai Terii,
Jaraa Is Baat Kaa Rakhnaa Khyaal,
Kisii Ko Tere Naam Se Jaante Hain Log.

आलम

गजब हुआ दिदार-ए-यार का आलम
और बढ़ा दिल-ए-बेकरार का आलम।

ये खामोशी और लाखो बातें,
देखा हमने आँखो से प्यार का आलम।

रातो का आँखो मे कटना,
सूकून-ए दिन के दुश्वार का आलम ।

रुका इज़हार आँखो तक आकर,
दिल और ज़हन की तकरार का आलम।

खुशी हर तरफ, बेअसर हर गम,
बेखुदी भरा निगाहें-यार का आलम ।

फिर वही बेबसी की दीवार,
हम इस पार, तुम उस पार, का आलम ।

ये आखरी आह, ये आखरी साँस ,
जाते-जाते उनके इन्तजार का आलम ।

AALAM

Gajab Huaa Didaar-e-Yaar Kaa Aalam
Aur Badhaa Dil-e-Bekaraar Kaa Aalam

Ye Khaamoshii Aur Laakho Baatein,
Dekhaa Humne Aankho Se Pyaar Kaa Aalam.

Raato Kaa Aankho Me Kaṭnaa,
Suukuun-e Din Ke Dushwaar Kaa Aalam .

Rukaa Izhaar Aankho Tak Aakar,
Dil Aur Zahan Kii Takraar Kaa Aalam.

Khushii Har Taraf, Be-Asar Har Gam,
Bekhudii Bharaa Nigaahen-Yaar Kaa Aalam .

Fir Wahii Bebasii Kii Diiwaar,
Hum Is Paar, Tum Us Paar, Kaa Aalam .

Ye Aakhrii Aah, Ye Aakhrii Saans,
Jaate-Jaate Unke Intazaar Kaa Aalam .

छत की शाम

घर की छत के कौने से, शाम दिखाई देती है,
जमाने को सिर्फ दिखती है, हमें सुनाई देती है।

जिन्दगी को अगर नाम दें, तो शाम कह सकते हैं,
देखें अब ढलती है कब, और बिदाई देती है।

कल देखा करती थी हमें, अब भी देखा करती है,
आईना है जैसे हम इसका, तनहा दिखाई देती है।

पक गया है रंग इसका, सूख गया है वजूद भी,
जहाँ रुकी थी हमारे साथ, वहीं दिखाई देती है।

कुछ अरसे से है यहीं, हमारे साथ ही रहती है,
हमें हंसाने की कोशिश में, हमें रुला भी देती है।

CHHAT KI SHAAM

Ghar Kii Chhat Ke Kone Se, Shaam Dikhaaii Detii Hai,
Jamaane Ko Sirf Dikhtii Hai, Humein Sunaaii Detii Hai.

Jindagii Ko Agar Naam De, To Shaam Keh Sakte Hain,
Dekhe Ab Ḍhaltii Hai Kab, Aur Bidaaii Detii Hai.

Kal Dekhaa Kartii Thii Humein, Ab Bhii Dekhaa Kartii Hai,
Aaiinaa Hai Jaise Hum Iskaa, Tanhaa Dikhaaii Detii Hai.

Pak Gayaa Hai Rang Iskaa, Sukh Gayaa Hai Wajuud Bhii,
Jahaan Rukii Thii Humaare Saath, Wahiin Dikhaaii Detii Hai.

Kuchh Arse Se Hai Yahiin, Humaare Saath Hii Rahtii Hai,
Humein Hasane Kii Koshish Mein, Humein Rulaa Bhii Detii Hai.

उम्र

जवानी दामन छोड़ देगी, तब, किसके पास जाएँगे,
गैर तो गैर है, अपने भी पास नहीं आएँगे।

जो किसीको सहारा नहीं देंगे, कल किसे सहारा बनाएँगे,
आज जोश में कहते है सबकुछ, पर कल होश में आएँगे।

आज के चेहरे की रोशनी को, कल की झुर्रियों से मिलायेंगे,
लाख कोशिशों पर भी, ये रंगत नहीं पाएँगे।

अपनी जिन्दगी के तजुर्बो को, फिर एक-एक करके बताएंगे,
जरूरतमंद हैं जो भी इनके, उनसे कुछ नहीं छुपाएँगे।

जो हमने दिया होगा कुछ किसीको, तभी तो कुछ पाएँगे,
जो करेंगे बुरा किसीका, तो अच्छाई कहाँ से लाएँगे।

समझकर करते है नासमझों की तरह, पर कल पश्चताएंगे,
आज तो है ये साथ हमारे, इसे कल कहाँ ढूँढने जाएँगे।

UMR

Jawaanii Daaman Chhod Degii, Tab, Kiske Paas Jaayenge,
Gair To Gair Hai, Apne Bhii Paas Nahiin Aayenge.

Jo Kisiiko Sahaaraa Nahiin Dege, Kal Kise Sahaaraa Banaayenge,
Aaj Josh Mein Kehte Hai Sab Kuchh, Par Kal Hosh Mein Aayenge.

Aaj Ke Chehre Kii Roshnii Ko, Kal Kii Jhurriyon Se Milaayenge,
Laakh Koshishon Par Bhii, Ye Rangat Nahiin Paayenge.

Apnii Zindagii Ke Tajurbo Ko, Fir Ek-Ek Karke Bataayenge,
Jaruuratmand Hai Jo Bhii Inke, Unse Kuchh Nahiin Chhupaayenge.

Jo Humne Diyaa Hogaa Kuchh Kisiiko, Tabhii To Kuchh Paayenge,
Jo Karenge Buraa Kisiikaa, To Achchhaaii Kahaan Se Laayenge.

Samajhkar Karte Hai Naasamajho Kii Tarah, Par Kal Pachtaayenge,
Aaj To Hai Ye Saath Humaare, Ise Kal Kahaan Ḍhuunḍhne Jaayenge.

www.ingramcontent.com/pod-product-compliance
Lightning Source LLC
LaVergne TN
LVHW091243150826
845673LV00003B/1261

* 9 7 8 9 3 9 0 9 2 5 8 3 4 *